BEI GRIN MACHT SICH IHR WISSEN BEZAHLT

- Wir veröffentlichen Ihre Hausarbeit, Bachelor- und Masterarbeit

- Ihr eigenes eBook und Buch - weltweit in allen wichtigen Shops

- Verdienen Sie an jedem Verkauf

Jetzt bei www.GRIN.com hochladen und kostenlos publizieren

Sentiment Analysis auf Basis von R und Twitter. Eine Analyse von Tweets zum Hashtag "Amazon"

Onur Güldali

Bibliografische Information der Deutschen Nationalbibliothek:

Die Deutsche Nationalbibliothek verzeichnet diese Publikation in der Deutschen Nationalbibliografie; detaillierte bibliografische Daten sind im Internet über http://dnb.d-nb.de abrufbar.

ISBN: 9783346393753
Dieses Buch ist auch als E-Book erhältlich.

Druck und Bindung: Books on Demand GmbH, Norderstedt Germany
Gedruckt auf säurefreiem Papier aus verantwortungsvollen Quellen

Das vorliegende Werk wurde sorgfältig erarbeitet. Dennoch übernehmen Autoren und Verlag für die Richtigkeit von Angaben, Hinweisen, Links und Ratschlägen sowie eventuelle Druckfehler keine Haftung.

Das Buch bei GRIN: https://www.grin.com/document/1006318

FOM Hochschule für Oekonomie und Management

Hochschulzentrum Essen

Projektarbeit

im Studiengang IT-Management

über das Thema

Sentiment Analysis auf Basis von R und Twitter – Analyse von Tweets zum Hashtag „Amazon"

von

Onur Güldali

Inhaltsverzeichnis

Abkürzungsverzeichnis

BI	Business Intelligence
GAFA	Google Apple Facebook Amazon
ML	Machine Learning
MSS	Management Support System
UL	Unsupervised Learning
SL	Supervised Learning

Abbildungsverzeichnis

Tabellenverzeichnis

1 Einleitung

Die Umwandlung von Informationen in digitale Formate wird als Digitalisierung bezeichnet und ist ein Prozess, der seit den späten 1950er Jahren vorangetrieben wird. [1] Seitdem hat die Digitalisierung und die Vernetzung zu grundlegenden Veränderungen in der Gesellschaft und in der Wirtschaft geführt. Dabei hat die weltweite technische Vernetzung zu neuen Möglichkeiten der Kommunikation zwischen Unternehmen, Wettbewerb und Kunden geführt. Zusätzlich unterstützt dieser Wandel die Entgrenzung, d.h. die Aufhebung von ehemals bestehenden Grenzen. Damit werden physische, regionale und zeitliche Eingrenzungen unbedeutender und Unternehmen können mit einem geringen Aufwand global agieren.[2] Seit Beginn des Internet-Zeitalters, Mitte der 1990er Jahre, hat sich das Konsumverhalten der Kunden beim Kauf von Produkten verändert. In der heutigen Zeit können Konsumenten auf eine Vielzahl von Produkten zurückgreifen, und diese unabhängig von Ort und Zeit, über Online-Plattformen erwerben. Zur erfolgreichen Entwicklung der digitalen Wirtschaft haben vor allem die Geschäftsmodelle, Strukturen und Technologien der US-amerikanischen Unternehmen Google, Apple, Facebook und Amazon (kurz: GAFA) beigetragen.[3] Jeff Bezos, der Gründer von Amazon, leistete Pionierarbeit in dem er seine Vision verwirklichte und mit seiner Unternehmung den globalen Online-Handel vorangetrieben hat.[4] Im Jahr 1995 wurde Amazon als Online-Buchhandel gegründet. Heute agiert der Handelsriese als globaler Marktplatzbetreiber für eine breite Maße unterschiedlicher Produkte.[5] In der Literatur wird der Erfolg von Amazon damit begründet, dass die Geschäftsprozesse dieses Unternehmens auf den Nutzen des Kunden ausgerichtet sind. Die Kundenorientierung gepaart mit technologischen Innovationen führen bei Amazon zu einer überdurchschnittlichen Kundenzufriedenheit. Dabei soll jeder Einkauf eine exzellente Erfahrung hervorbringen, um die Kunden an das Unternehmen zu binden. Beispiele, die diesen Prozess unterstützen sind z.B. ein kostenfreier Versand, kulante Retourenfristen und umfangreiche Möglichkeiten zum Kontakt mit dem

---

[1] Vgl. Schallmo et al. (2017), S. 60.
[2] Vgl. Weinreich (2016), S. 3ff.
[3] Vgl. Große Holtforth (2017), S. 3-6.
[4] Vgl. Saunders (2001), S. 5.
[5] Vgl. Lammenett (2019), S.295f.

Unternehmen.[6] Auf der anderen Seite steht Amazon auch häufig in der Kritik. Amazon bietet beispielsweise den sprachgesteuerten digitalen Assistenten Alexa an. Es verfügt über viele komfortable Funktionen, kann z.b. Bestellungen ausführen oder das Wetter vorhersagen. Dieser Trend bringt jedoch auch Bedenken hinsichtlich der Privatsphäre mit sich. An dieser Stelle kritisieren Experten z.b. unzureichende Sicherheitsvorkehrungen, da die elektronische Kommunikation manipuliert werden und somit private Haushaltsgespräche, ohne die Kenntnis der Kunden aufgenommen werden können.[7] Mit Hinblick auf die zuvor genannten Informationen, soll im Rahmen dieser Arbeit, die aktuelle Stimmungslage, die sich auf Amazon bezieht ermittelt werden und dabei folgende Fragen beantwortet werden:

- Wie ist die Polarität der Stimmung, in sozialen Medien gegenüber Amazon aufgestellt?
- Welche Emotionen verbinden Amazon-Stakeholder mit diesem Unternehmen?

Um auf diese Fragen einzugehen, wird die wissenschaftlichen Methode Literaturanalyse mit den Phasen Literaturrecherche und Literaturauswertung und die Sentiment Analysis (zu Deutsch: Stimmungsanalyse) als unterstützende Methode herangezogen. Mit der Einleitung zusammen wird diese Arbeit in vier Kapitel aufgeteilt. Im zweiten Kapiteln werden theoretische Grundlagen erläutert. Im dritten Kapitel wird die Durchführung der Sentiment-Analyse systematisch dargestellt und das Ergebnis dieser Arbeit vorgestellt. Diese Ausarbeitung wird abschließend im letzten Kapitel das Ergebnis dieser Arbeit zusammenfassen und einen Ausblick geben.

2 Grundlagen

2.1 Business Intelligence

Bereits in den 60er Jahren begannen die ersten Ansätze, Führungskräfte eines Unternehmens durch den Einsatz von IT-Systemen zu unterstützten. Im Laufe der Zeit wurden spezifische, den Benutzern zugeordnete Einzelsysteme entwickelt, die erfolgreich im Management eingesetzt werden konnten. In diesem Zuge entstand in

---

[6] Vgl. Große Holtforth (2017), S. 41f. [7]
Vgl. Pfeifle (2018), S. 421ff.

2

den 80er Jahren der Sammelbegriff Management Support Systems (kurz: MSS).[7] Einer der Hauptakteure dieses Ansatzes, Scott-Morton, definierte den Begriff MSS als „the use of computers and related information technologies to support managers".[8] In den 90er Jahren wurde der Begriff MSS, jedoch in der betrieblichen Praxis durch den Begriff Business Intelligence (kurz: BI) ersetzt. Der Begriff BI ist in der Literatur jedoch nicht einheitlich definiert.[9] Unter diesem Begriff haben sich Begriffsgebilde im Kontext der entscheidungsunterstützenden Systeme etabliert, die eine Vielzahl von verschiedenen Ansätzen zur Analyse und Auswertung von Geschäftsprozessen zur Verfügung stellen. Ein effizientes BI-System zeichnet sich unabhängig vom Anwendungsfall dadurch aus, dass es Informationen pünktlich und fehlerfrei an berechtigte Anwender übergibt.[10] Eine BI-Strategie verfolgt das Ziel, effizientere Entscheidungen als der Wettbewerb zu treffen und Antworten auf kritische Fragen zu bekommen, indem Informationen in Wissen umgewandelt werden.[11]

2.2 Sentiment Analyse

Einen Anwendungsbereich von BI stellt Text Mining dar. Es beschäftigt sich mit der Analyse von unterschiedlichen Textdaten, um bisher unbekannte Zusammenhänge oder Trends aus bestehenden Informationen aufzudecken.[12] Die Stimmungsanalyse ist ein Teilgebiet des Text Minings und dient zur Identifizierung und Analyse der Stimmungen und Gefühle von Menschen, in Bezug auf bestimmte Sachverhalte, die aus Texten abgeleitet werden.[14] Durch die zunehmende Beliebtheit von Online-Plattformen wie Blogs, Foren oder soziale Netzwerke, nehmen benutzergenerierte Informationen in Form von Bewertungen, Kommentaren und Meinungen über unterschiedliche Dienste, Produkte, Trends und Veranstaltungen wachsend zu. Die Hauptaufgabe der Stimmungsanalyse ist es an dieser Stelle die Tonalität eines Textes im richtigen Kontext zu extrahieren und in verschiedene Kategorien einzuordnen.[13] Die Fähigkeit, die Gefühle von Personen zu messen, bietet eine breite

---

[7] Vgl. Kemper et al. (2010), S. 1.
[8] Scott-Morton (1983), S. 5.
[9] Vgl. Kemper et al. (2010), S. 2f.
[10] Vgl. Chamoni, Gluchowski (2006), S. 72.
[11] Vgl. Fasel, Meier (2016), S. 140.
[12] Vgl. Gao et al. (2007), S. 2667. [14]
Vgl. Bastita, Rattè (2012), S. 1.
[13] Vgl. Rahmath P, Ahmad (2014), S. 25.

Vielfalt praktischer Anwendungen an. Dadurch können beispielsweise Online-Nachrichten analysiert und somit die allgemeingültige Polarität zu bestimmten Themen untersucht werden. Mit dem Einsatz einer Stimmungsanalyse können Unternehmen die Stimmung von online veröffentlichten Kommentaren sammeln und analysieren, um die Meinungen der Verbraucher zu ihren Produkten zu bewerten, um dann beispielsweise die Wirksamkeit von Werbekampagnen zu messen.[14] Im Allgemeinen lässt sich die Anwendung einer Stimmungsanalyse in die Dokument-, Satz- und Entität-Ebene aufteilen. Die Aufgabe der Dokument-Ebene ist es, die Polarität eines ganzen Dokumentes zu klassifizieren. Auf der Satz-Ebene besteht die Aufgabe darin, die Polarität jedes einzelnen Satzes zu prüfen. Diese Ebene steht in enger Verbindung mit der Entität-Ebene, bei der objektive Sätze, die sachliche Informationen beinhalten, von subjektiven Sätzen unterschieden werden, die subjektive Ansichten ausdrücken. Im Vergleich zur Dokument- und Satz-Ebene befasst sich die Entität-Ebene damit, die Stimmung einer Entität zu einem bestimmten Objekt zu erfassen.[15] Die folgende Auflistung stellt mögliche Stimmungsanalysen aus der Literatur vor, die bereits in vorangehenden Arbeiten behandelt wurden:

- Berhane hat z.B. eine Auswertung von Tweets über Donald Trump, nach seiner Wahl aufgestellt. Dabei konnte eine geographische, auf US-Staaten gerichtete Stimmungsanalyse, zu Tweets durchgeführt werden.[16]
- Annie R et al. haben, in ihrer Arbeit aufgezeigt, wie Bewertungen von Flugpassagieren im Rahmen der Stimmungsanalyse behandelt werden können. Zur Umsetzung dieser Analyse wurden Daten aus unterschiedlichen Quellen wie Foren und sozialen Netzwerken bezogen.[17]

2.3 Herausforderungen

Die Komplexität der menschlichen Kommunikation beeinflusst die Effizienz einer Stimmungsanalyse. Daher erfordert der Einsatz einer Stimmungsanalyse ein grundlegendes Verständnis der expliziten, impliziten, semantischen und syntaktischen Regeln einer Sprache. Beispiele sind der Einsatz von Humor, Ironie

---

[14] Vgl. Dalisay et al. (2017), S. 2f.
[15] Vgl. Devika et al. (2016), S. 45.
[16] Vgl. Berhane (2018).
[17] Vgl. Annie R et al. (2016), S. 51ff.

4

oder Sarkasmus. In diesen Fällen muss der Kontext einer Nachricht bekannt sein, um die tatsächliche

Nachricht zu verstehen, da eine Person eine Aussage treffen kann, aber durch den Einsatz verschiedener Sprachmittel eigentlich das Gegenteil aussprechen will. Beispielsweise könnte die Aussage getroffen werden: Schönes Hemd. Diese Aussage klingt zunächst positiv, wenn es jedoch sarkastisch gemeint ist, wird es als negativ eingestuft. Auf der anderen Seite können Begriffe wie böse, krank oder schlecht, die negativ assoziiert werden, je nach Kontext eine andere Stimmungsorientierung aufweisen. Ein Beispiel dafür ist die Aussage: Mein neues Auto ist krank! Dieses Beispiel impliziert eine positive Stimmung in Bezug zum Auto. Eine Stimmungsanalyse wird in der Regel von einem Konstrukt durchgeführt, das auf ein bestimmtes Thema fokussiert ist. Das zu analysierende Dokument könnte aber auch irrelevante Informationen beinhalten, die die themenbezogene Analyse verfälschen kann. Eine Stimmungsanalyse und die dazu eingesetzten Methoden und Hilfsmittel können beispielsweise bei der Analyse von Autobewertungen ein zuverlässiges Ergebnis liefern. Dasselbe Konstrukt würde bei Computerbewertungen aber nicht das gewünschte Ergebnis liefern, da an dieser Stelle eine andere Restriktion zur Analyse optimaler wäre.[18]

2.4 Vorgehensmodelle

Im Rahmen einer Stimmungsanalyse wird zwischen dem lexikonbasierten, dem Machine Learning (kurz: ML) und dem hybriden Ansatz unterschieden. Beim lexikonbasierten Ansatz wird ein Stimmungslexikon verwendet, das eine Sammlung von Begriffen mit vordefinierten Stimmungen beinhaltet. Der ML Ansatz wendet unterschiedliche ML-Algorithmen an. Der hybride Ansatz ist eine weitere Möglichkeit der Stimmungsanalyse, der die beiden vorangehenden Vorgehensmethoden mit einander kombiniert.[19]

---

[18] Vgl. Dalisay et al. (2017), S. 3.
[19] Vgl. Medhat et al. (2014), S. 1098.

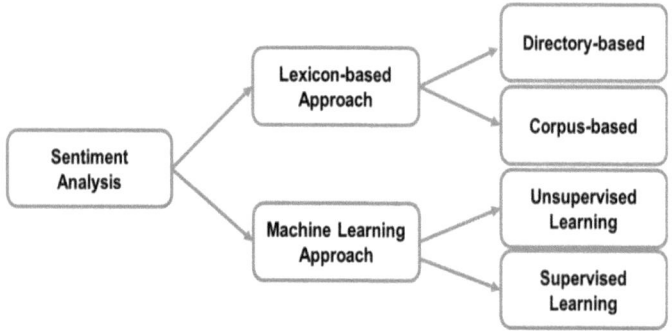

Quelle: In Anlehnung an Medhat et al. (2014), S. 1095.
Abbildung 1 - Klassifikation und Vorgehensmethoden einer Stimmungsanalyse

2.4.1 Lexikonbasierter Ansatz

Bei dem lexikonbasierten Ansatz wird die Stimmungsorientierung eines Textinhaltes auf Grundlage von vordefinierten Listen ermittelt. Diese Liste in Form eines Lexikons enthält Wörter, Phrasen oder Redewendungen, die mittels einer Stimmungsorientierung mit Werten wie positiv, negativ oder neutral gleichgesetzt werden. Unter Einsatz des Lexikons erhält jede extrahierte Textinformation, eine Stimmungsorientierungsbewertung.[20] Zur Erstellung dieser Liste wird zwischen der wörterbuchbasierenden und der korpusbasierenden Methode unterschieden.[21] Bei der wörterbuchbasierenden Methode wird zunächst eine geringe Anzahl an Stimmungswörtern, mit einer festgelegten Stimmungsorientierung manuell in eine sogenannte Seed-Liste eingetragen. Diese manuelle Liste wird dann von einem Algorithmus automatisch erweitert, indem für jedes Wort Antonyme und Synonyme aus Wörterbüchern, wie z.B. WordNet gesucht werden. Die neu gefundenen Wörter werden in die Starliste eingetragen. Dieser iterative Prozess wiederholt sich und stoppt, wenn keine neuen Wörter mehr zu finden sind.[24] Bei Bedarf kann das somit entstandene Stimmungslexikon manuell geprüft und auch nachträglich bearbeitet werden. Die korpusbasierte Methode dient zur Problemlösung, um Stimmungswörter mit kontextspezifischen Ausrichtungen zu finden. Diese Methode wird unter der Verwendung eines statistischen oder semantischen Vorgangs durchgeführt. Es ist möglich, ein Lexikon auf Grundlage mehrerer Dokumente zu erstellen, indem die

---

[20] Vgl. Dalisay et al. (2017), S. 2.
[21] Vgl. Zhang, Liu (2016), S. 7. [24]
Vgl. Petz (2019), S. 39.

Häufigkeit des Auftretens des Wortes in unterschiedlichen Texten untersucht wird. Damit kann die Polarität eines Wortes identifiziert werden und damit das Problem der Nichtverfügbarkeit von Wörtern überwunden werden. Wenn ein Wort beispielsweise in positiven Texten häufiger vorkommt ist seine Polarität positiv, andernfalls wenn es bei negativen Texten häufiger vorkommt ist die Polarität negativ. Synonyme die im selben Kotext häufig zusammen vorkommen, weisen dieselbe Polarität auf. Damit kann die Polarität von unbekannten Wörtern bewertet werden, indem die relative Häufigkeit des gemeinsamen Auftretens mit anderen Wörtern ermittelt wird. Die semantische Methode weist Wörtern, die semantisch miteinander Verknüpft sind je nach Anwendungsfall einen Stimmungswert zu. Aus WordNet können beispielsweise verschiedene Arten von semantischen Zusammenhängen zwischen Wörtern entnommen werden, die zur Berechnung der Stimmungspolarität eines Wortes, je nach Anwendungsfall eingesetzt werden.[22]

2.4.2 Maschinelle Lernverfahren

ML ist eine Form der künstlichen Intelligenz und stellt ein System dar, das nicht explizit programmiert wird, sondern aus Daten lernt. Dabei werden unterschiedliche Algorithmen eingesetzt, die iterativ zur verbesserten Datengewinnung beitragen.[23] In Abhängigkeit des Anwendungsfalls werden zwischen den beiden ML-Methoden Supervised Learning (kurz: SL) und Unsupervised Learning (kurz: UL) unterschieden.[24] Die Methode SL, zu Deutsch überwachtes Lernen, beginnt in der Regel mit einem festgelegten Datensatz und einem Grundverständnis dafür, wie Daten klassifiziert werden. Die Aufgabe besteht darin gewisse Muster in den zu analysierenden Daten zu erkennen.[28] An dieser Stelle kommen die Methoden Clusteranalyse und Regressionsanalyse zum Einsatz. Wenn beispielsweise das Ziel verfolgt wird zu prognostizieren, ob ein Haus in Abhängigkeit selner Größe wenigor oder mehr als einen bestimmten Preis kosten wird, dann wird die Clusteranalyse eingesetzt, bei der Häuser je nach dem Preis in zwei unterschiedliche Kategorien eingeordnet werden. Wenn aber eine Prognose über die Preise von Immobilien in

---

[22] Vgl. Medhat et al. (2014), S. 1102ff.
[23] Vgl. Hurwitz, Kirsch (2018), S. 4.
[24] Vgl. Medhat et al. (2014), S. 1098. [28]
Vgl. Hurwitz, Kirsch (2018), S. 15.

Abhängigkeit der Größe erstellt werden soll, dann ist dies ein Beispiel für die Regressionsanalyse.[25]

Im Gegensatz zur SL-Methode werden in der Methode UL, zu Deutsch unbewachtes Lernverfahren, dem System im Vorfeld keine Zielwerte vom Anwender übergegeben. In diesem Verfahren hat der Algorithmus die Aufgabe eigenständig Muster in den Datensätzen zu erkennen, um daraufhin Cluster zu bilden. Durch diesen Prozess kann das System Erkenntnisse aufdecken, die dem Anwender nicht bewusst sind. Ein mögliches Anwendungsfeld wäre an dieser Stelle, die Bildung von Clustern in sozialen Netzwerken. Beispielsweise könnte dieses Lernverfahren aufzeigen, dass Personen denen häufig Katzenfotos gefallen dazu tendieren falschen Nachrichten zu glauben und diese positiv zu kommentieren.[26]

2.4.3 Hybrides Lernverfahren

Aus der Literatur können verschiedene Herangehensweisen entnommen werden, um eine Stimmungsanalyse mittels einer hybriden Vorgehensweise zu implementieren. Einen möglichen Ansatz haben dabei Balage Filho und Pardo vorgestellt. Dieser Ansatz wurde in die Phasen Datensammlung, Datenaufbereitung, Klassifikation der Daten mittels vorgegebener Regeln und der lexikonbasierten Methode, sowie Klassifikation der Daten mittels ML-Verfahren aufgeteilt. Zunächst werden die relevanten Datensätze gesammelt und für die Klassifikation vorbereitet. Danach wird die Polarität eines Datensatzes auf Satzeichen geprüft, die eine Stimmung deuten können. Der nächste Schritt summiert die Polaritätswerte jedes Wortes im Text, um eine Gesamtwertung für den jeweiligen Datensatz aufzustellen. Der ML-Klassifikator verwendet vorgegebene Trainingsdaten, um zu lernen, wie neue Datensätze klassifiziert werden. Der Algorithmus lernt unter Einsatz der gegebenen Datensätze und den extrahierten Ergebnissen der einzelnen Prozesse. In diesem Verfahren wertet jeder Klassifikator die Textdaten nacheinander aus. Jeder Klassifikator kann die Stimmung der Datensätze bestimmen. Der ML-Klassifikator ist im letzten Schritt dafür verantwortlich, die Polarität zu bestimmen, wenn die vorherigen Klassifikatoren keine hinzureichende Stimmungsbewertung aufstellen konnten. Das hybride

---

[25] Vgl. Gentsch (2018), S. 38.
[26] Vgl. Kreutzer, Sirrenberg (2019), S. 7.

Lernverfahren wurde in dieser Studie dazu eingesetzt um Twitter-Daten auszuwerten.[27]

3 Anwendung einer Stimmungsanalyse in R

3.1 Vorbereitung

Im Rahmen dieser Arbeit wurde eine Stimmungsanalyse zur Bewertung vom Online-Händler Amazon, mit der Statistik-Software R aufgestellt. Der gesamte Quellcode der in R geschrieben wurde ist aus dem Anhang 1 dieser Arbeit zu entnehmen. Zur Umsetzung dieser Analyse wurde dabei der lexikonbasierte Ansatz gewählt. Die einzelnen Schritte haben sich an der Methodik von Nigam und Yadav orientiert, die eine

Stimmungsanalyse in vier Phasen aufteilen:[28]

1. Datensammlung
2. Aufbereitung der Daten
3. Lexikonbasierte Analyse
4. Darstellung der Ergebnisse

In den nachfolgenden Kapiteln werden diese Phasen näher, im Kontext dieser Ausarbeitung erläutert.

---

[27] Vgl. Balage Filho, Pardo (2013), S. 569f.
[28] Vgl. Nigam, Yadav (2018), S. 158.

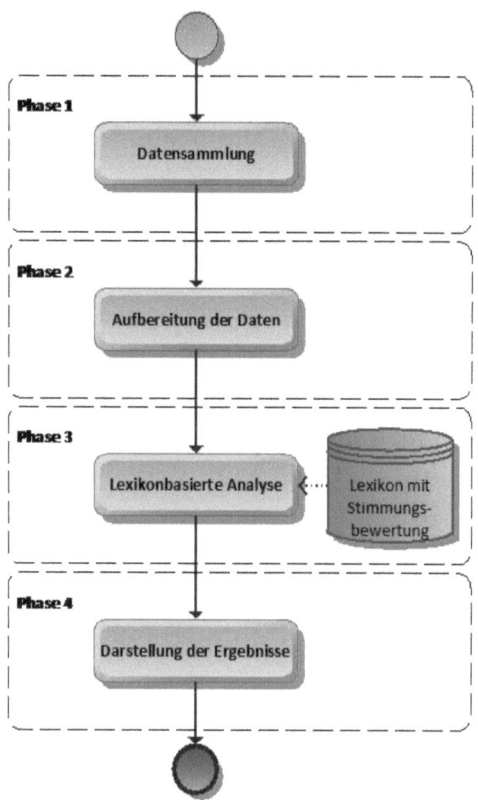

Quelle: In Anlehnung an Nigam, Yadav (2018), S. 159.
Abbildung 2 - Phasen der Stimmungsanalyse

3.2 Datensammlung

Social Media Plattformen haben sich zu einem öffentlichen Ort der Meinungen, für die unterschiedlichsten Themenfelder wie die Politik, Sport, Marken, Produkterfahrungen und Veranstaltungen entwickelt. Die Meinungen werden z.b. auf Facebook, YouTube und Twitter, für jeden zugänglich veröffentlicht. Diese Informationen können dann von Unternehmen, dem Staat oder beispielsweise von Universitäten zu Analysezwecken genutzt werden. In diesem Zusammenhang hat sich die Stimmungsanalyse, als ein wichtiges Analysetool entwickelt. [29] Die zu analysierenden Daten wurden an dieser Stelle über das soziale Netzwerk Twitter

---

[29] Vgl. Dalisay et al. (2017), S. 1.

bezogen. Um eine solide Datenbasis für die Stimmungsanalyse zu nutzen, wurden die letzten 5000 englischsprachigen Tweets, die den Hashtag Amazon beinhalten ausgelesen. Die folgende Tabelle stellt die ersten fünf Beiträge dar, die über Twitter erfasst wurden:

Tabelle 1 - Ausschnitt der gesammelte Datensätze über Twitter

	Tweet-Text
1	#metoo #sexualharassment #discrimination happens very often on warehouse #amazon 3rd parties that contract for amaz... https://t.co/nQlc8zPBRp
2	RT @DanielGoddard: 25 yrs ago #JeffBezos started #Amazon. #OJ & his bronco headed for the border. #NelsonMandela became the president of #...
3	RT @lisaamakye: Alaska Bear Polar Bear Alaskan Bear T-Shirt Women Men Kids https://t.co/JnBZYXHns1 #Amazon #AmazonPrime #Alaska #alaskan #b...
4	RT @Peytonf56: Until we get real action on #climate, try eating fake meat. A single beef burger requires 600 gallons of water. Raising and...
5	@AOC You need to be tending Bar, not the People's business; of which you have NO CLUE! You get more Embarrassing by... https://t.co/cujNO8IzPD

Quelle: Eigene Darstellung.

3.3 Aufbereitung der Daten

Ein Tweet ist ein einzelner Beitrag, der von einem Benutzer auf Twitter veröffentlicht wird. Wenn beispielsweise ein anderer Benutzer einen Tweet interessant findet, besteht die Möglichkeit diesen unverändert mit der sogenannten Retweet-Funktion zu teilen, um somit die Nachricht zu vervielfältigen. Tweets können zusätzlich zur eigentlichen Textnachricht weitere Elemente wie Links oder die Erwähnung von anderen Nutzern beinhalten.[30] Die Methodik von Nigam und Yadav gibt vor diese zusätzlichen Informationen aus den Tweets zu entfernen, um mittels bereinigter Datensätze eine effizientere Stimmungsanalyse durchzuführen.[35] Aufgrund dieser Vorgabe wurden Angaben, die für die Stimmungsanalyse nicht relevant sind entfernt. Dazu zählen z.B. URL-Links oder die Erwähnungen von anderen Twitter-Nutzern mit

---

[30] Vgl. Giachanou, Crestani (2016), S. 5. [35]
Vgl. Nigam, Yadav (2018), S. 160.

11

dem vorangehenden Kennzeichen: @. Dies hat dazu geführt, dass die erfassten Datensätze nun wie folgt in der Analyse berücksichtigt wurden:

Tabelle 2 – Ausschnitt der bereinigten Datensätze

	Tweet-Text
1	metoo sexualharassment discrimination happens very often on warehouse amazon rd parties that contract for amaz
2	yrs ago JeffBezos started Amazon OJhis bronco headed for the border NelsonMandelabecame the president of
3	Alaska Bear Polar Bear Alaskan Bear TShirt Women Men KidsAmazon AmazonPrime Alaska alaskan b
4	Until we get real action on climate try eating fake meat A single beef burger requiresgallons of water Raising and
5	You need to be tending Bar not the Peoples business of which you have NO CLUE You get more Embarrassing by

Quelle: Eigene Darstellung.

3.4 Lexikonbasierte Analyse und Darstellung der Ergebnisse

Es stehen mehrere Werkzeuge zur für Verfügung, um die Stimmung von Textinformationen zu analysieren. Zur Analyse der Tweets wurde mittels des R-Pakets Syuzhet ein lexikonbasierter Ansatz umgesetzt. Dieses Paket verwendet das sogenannte NRC-Lexikon mit 14182 verschiedenen Wörtern. Das R-Paket Syuzhet weist den Wörtern in der Liste, mittels der Funktion get_nrc_sentiment acht Arten von Emotionen und zwei Arten von Polaritäten zu. Dabei werden die Tweets mit den Emotionen joy (zu Deutsch: Freude), trust (zu Deutsch: Vertrauen), surprise (zu Deutsch: Überraschung), anticipation (zu Deutsch: Vorfreude), sadness (zu Deutsch: Trauer), disgust (zu Deutsch: Ekel), fear (zu Deutsch: Angst) und anger (zu Deutsch: Wut) bewertet. Die Tweets können sowohl eine negative, als auch positive Polarität aufweisen.[31] Da Tweets in der Länge beschränkt sind, enthalten sie üblich nur einen Satz, daher wurde diese Analyse auf der Satz- und Entität-Ebene durchgeführt. Durch den Einsatz des NRC-Lexikons musste in dieser Arbeit kein eigenes Lexikon, mittels der wörterbuchbasierenden oder der korpusbasierenden Methode entwickelt werden.

---

[31] Vgl. Werder, Brinkkemper (2018), S. 20f.

12

Die folgende Tabelle stellt die Stimmungsbewertungen der fünf ersten Tweets dar:

Tabelle 3 - Stimmungsbewertung der ersten fünf Tweets

	1	2	3	4	5
anger	1	0	1	0	0
anticipation	0	0	0	0	1
disgust	1	0	0	0	0
fear	1	0	1	0	0
joy	0	0	0	0	0
sadness	1	0	0	0	0
surprise	0	0	0	0	0
trust	0	1	0	1	0
negative	1	0	0	1	1
positive	0	1	0	2	0

Quelle: Eigene Darstellung.

Für die folgenden Balkendiagramme wurden die Bewertungen, der vorangehenden Tabelle aufsummiert, die mittels der Funktion get_nrc_sentiment erstellt werden konnten. Die gesammelten 5000 Tweets wurden insgesamt mit 4654 positiven und 1609 negativen Punkten bewertet. Dies belegt, dass die globale Stimmung auf Amazon überwiegend positiv gerichtet ist.

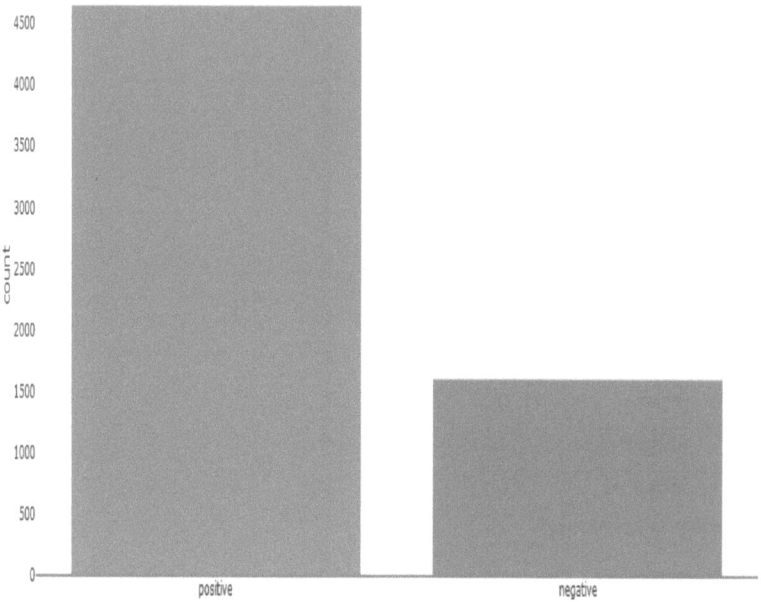

Polarity for hashtag: #Amazon

Quelle: Eigene Darstellung.
Abbildung 3 - Balkendiagramm zur Polarität der Tweets

Aus dem nächsten Balkendiagramm ist zu entnehmen, dass Amazon-Stakeholder vor allem großes Vertrauen in dieses Unternehmen haben. Gleichzeitig zeigt das Diagramm auf, das negative Emotionen geringer mit Amazon in Verbindung gebracht werden.

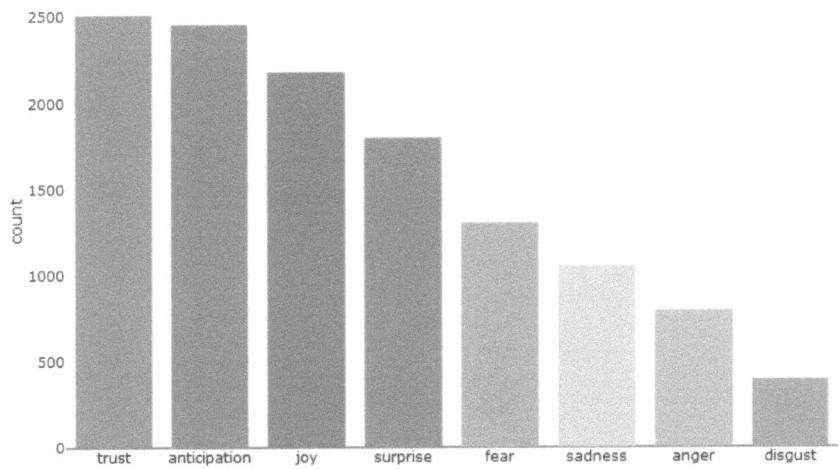

Emotions for hashtag: #Amazon

Quelle: Eigene Darstellung.
Abbildung 4 - Balkendiagramm zu den Emotionen der Tweets

Nachdem die Tweets in ihren Emotionen und Polaritäten bewertet wurden und somit ein allgemeines Bild über die aktuelle Stimmungslage von Amazon dargestellt wurde, wurden den einzelnen Tweets mit der Funktion get_sentiment eindeutige Stimmungswerte zugewiesen. Diese Werte zeigen auf, ob ein Tweet insgesamt als positiv oder negativ bewertet worden ist und haben zum folgenden Boxplot geführt:

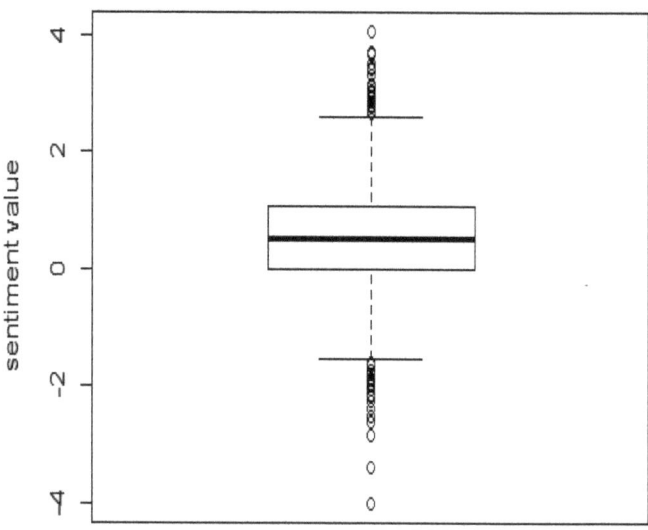

Quelle: Eigene Darstellung.
Abbildung 5 - Boxplot Stimmungsanalyse

Der negativste Tweet weist einen Stimmungswert von -4 und der positivste Tweet einen Wert von 4,05 auf. Durch einen Median von 0,5185 und einem Mittelwert von 0,5185 wird auch in dieser Darstellung deutlich, dass die allgemeine Stimmungslage in diesem Kontext positiv ist. Als nächstes wurden der negativste und positivste Tweet näher betrachtet. Dabei ist aufgefallen, dass in beiden Fällen, die Tweets einen Bezug zum Online-Händler Amazon haben, jedoch diese Tweets sich nicht direkt auf das Unternehmen Amazon beziehen, sondern die Produktbeschreibung eines in Amazon aufgeführten Produktes darstellen. Anschließend wurden die häufigsten positiven und negativen Wörter mit einander verglichen. Unabhängig der positiven Dominanz, sticht dabei ein negativer Aspekt, in dieser Auswertung hervor. Dieser negative Aspekt deutet auf eine potentielle Suizidgefährdung in den Fabriken von Amazon hin. Im Anhang 2 befindet sich eine Wordcloud, die diesen Aspekt visualisiert. Dieses Thema ist bereits in der Öffentlichkeit publik.

Aus Pressemitteilungen ist zu enthemmen, dass dem Online-Händler schlechte Arbeitsbedingungen vorgeworfen werden. Diese Bedingungen sollen von Dezember 2013 bis Dezember 2018 zu 189 Notrufen, wegen Selbstmordgedanken aus Fabriken von Amazon geführt haben.[32, 33]

3.5 Bewertung der Ergebnisse

Mittels der Statistik-Software R und dem lexikonbasierten Ansatz, der durch das Syuzhet Paket ermöglicht wurde, konnte eine aussagekräftige Analyse durchgeführt werden. Durch den Einsatz dieses Pakets musste keine eigene Liste in Form eines Lexikons erstellt werden, da es bereits ein gängiges Stimmungslexikon einsetzt. In dieser Analyse konnten sowohl positive als auch negative Aspekte in Bezug zu Amazon aufgedeckt werden. Im Endergebnis besteht eine klare positive Tendenz zu Gunsten von Amazon. Die Ausarbeitung hat aber auch gezeigt, dass optimierungsbedarf in der gewählten Vorgehensmethode besteht. Zusätzlich zu den typischen Herausforderungen mit der eine Stimmungsanalyse konfrontiert wird, sind weitere Probleme im Datenbestand aufgefallen. Auf Grund der kürze eines Tweets, wird ein Hashtag als wichtiger Indikator gesehen, um die spezielle Themenrelevanz solcher Informationen zu deuten.[34] Die Analyse der aktuellen Stimmungslage von Amazon, mit dem gewählten Hashtag war daher in dieser Ausarbeitung von großer Relevanz und zielführend. In dem ausgewerteten Datenbestand sind jedoch Tweets aufgefallen, die zwar in Bezug zu Amazon stehen, aber keinen Stimmungsbezug zum Unternehmen aufstellen. Beispielsweise wurden Tweets von Nutzern mit dem Hashtag Amazon veröffentlicht, die als Produktbeschreibung bzw. als Eigenwerbung für Produkte, die über Amazon angeboten werden, dienen sollten.

4 Fazit

In dieser Arbeit konnte aufgewiesen werden, dass die Digitalisierung und Vernetzung einen immensen und wachsenden Einfluss auf das alltägliche Leben und die Wirtschaft ausüben. Dieser Prozess wurde vor allem durch die US-amerikanischen GAFA-Unternehmen vorangetrieben. Im Rahmen dieser Arbeit wurde der Fokus auf den Online-Händler Amazon gelegt. Damals wurde dieses Unternehmen als Online-Buchhandel von Jeff Bezos gegründet, heute agiert das Unternehmen als Online-Handelsriese mit einer breiten Palette an Produkten und Diensten. Das Ziel dieser

---

[32] Vgl. Lieber (2019).
[33] Vgl. Zahn, Paget (2019).
[34] Vgl. Giachanou, Crestani (2016), S. 6.

Arbeit war es eine Stimmungsanalyse für dieses Unternehmen aufzustellen. Dazu wurden zunächst die gängigen Vorgehensmodelle zur Implementierung einer Stimmungsanalyse und deren Vorgehensweisen erläutert. Durch die Literaturanalyse konnte belegt werden, dass bei der Implementierung eine Stimmungsanalyse unterschiedliche Herausforderungen zu beachten sind. Das größte Problem stellt dabei die Komplexität der menschlichen Sprache und deren Vielfältigkeit dar. Typische Sprachmittel der menschlichen Kommunikation wie Ironie oder Humor können die Effizienz einer Stimmungsanalyse beeinflussen. In der heutigen Zeit haben sich soziale Netzwerke zu einem öffentlichen Ort der Meinungen etabliert. Daher wurde zur Analyse der allgegenwärtigen Stimmungslage, im Hauptteil dieser Arbeit das soziale Netzwerk Twitter als Datengrundlage gewählt. Die einzelnen Datensätze wurden zunächst im Rahmen dieser Arbeit bereinigt und dann zur Analyse eingesetzt. Mittels unterschiedlicher Instrumente, konnten Aussagen zu der aktuellen Stimmungslage von Amazon getroffen werden. Aus dem Ergebnis dieser Arbeit geht hervor, dass die Mehrheit der Amazon-Stakeholder positive Gefühle, wie Vertrauen und Freude mit dem Unternehmen in Verbindung bringen. Aus dem Ergebnis dieser Arbeit ist jedoch auch Kritik zu entnehmen, dabei sticht das Thema Suizidgefährdung in den Vordergrund. Dieser negative Aspekt, kann aus dem Ergebnis dieser Arbeit entnommen werden, dass laut Pressemitteilungen auf schlechte Arbeitsbedingungen in den Anlagen von Amazon, zurück zu führen ist.

Zur Umsetzung der Analyse kam das R-Paket Syuzhet zum Einsatz. Damit der Umfang dieser Arbeit nicht überschritten wird, wurde in dieser Ausarbeitung, jedoch kein Vergleich zwischen Syuzhet und anderen Methoden zur Umsetzung von Stimmungsanalysen aufgestellt. Trotzdem konnte durch den Einsatz dieser Technik eine solide Stimmungsanalyse durchgeführt werden. Jedoch sind während der Ausarbeitung dieser Projektarbeit Kritikpunkte im Bezug zur gewählten Vorgehensmethode, die mittels der Literaturrecherche begründet und aufgebaut wurde, aufgefallen. Die analysierte Datenbasis hat Tweets beinhaltet, die Amazon grundlegend betreffen, jedoch keine Relevanz für die gezielte Auswertung, der aktuellen Stimmungslage für das Unternehmens Amazon aufweisen. Daher wäre es in einer zukünftigen Arbeit wünschenswert, die Akzeptanz und Verbreitung von verschiedenen Instrumenten zur Stimmungsanalyse zu ermitteln, die diesen Kritikpunkt berücksichtigen und einen qualitativen Vergleich zwischen diesen zu erstellen.

Anhang

```
install.packages("twitteR")
install.packages("RCurl")
install.packages("ROAuth")
install.packages("ggplot2")
install.packages("SnowballC")
install.packages("httr")
install.packages("tm")
install.packages("wordcloud")
install.packages("syuzhet")
install.packages("stringr")
install.packages("dplyr")
install.packages("RColorBrewer")
install.packages("xlsx")
install.packages("plotly")
install.packages("devtools") #
Load the required Packages
library(twitteR)
library(RCurl)
library(ROAuth)
library(ggplot2)
library(SnowballC)
library(httr) library(tm)
library(wordcloud)
library(syuzhet)
library(stringr)
library(RColorBrewer)
library(xlsx)
library(plotly)
library(devtools)

# authorisation keys
apiKey <- "ABCDEFGHIJKLMNOO12345678" apiSecret
<- " ABCDEFGHIJKLMNOO12345678" actoken <- "
ABCDEFGHIJKLMNOO12345678" acsecret <-
"ABCDEFGHIJKLMNOO12345678"

# Go to Account
setup_twitter_oauth(apiKey, apiSecret, actoken, acsecret)

# Extract Tweets
tweets        =        searchTwitter("#Amazon",        n=5000,        lang="en")
write.xlsx(twListToDF(tweets), "C:/Users/x/Desktop/tweets.xlsx") # store the tweets
into dataframe
```

```
tweets.df = twListToDF(tweets)

# CLEANING TWEETS
tweets.df$text = gsub("&amp", " ", tweets.df$text)
tweets.df$text = gsub("(RT|via)((?:\\b\\W*@\\w+)+)", "", tweets.df$text)
tweets.df$text = gsub("@\\w+", "", tweets.df$text) tweets.df$text =
gsub("[[:punct:]]", "", tweets.df$text) tweets.df$text = gsub("[[:digit:]]",
"", tweets.df$text) tweets.df$text = gsub("http\\w+", "", tweets.df$text)
tweets.df$text = gsub("[ \t]{2,}", "", tweets.df$text) tweets.df$text =
gsub("^\\s+|\\s+$", "", tweets.df$text)
tweets.df$text <- iconv(tweets.df$text, "UTF-8", "ASCII", sub="")


write.xlsx(tweets.df, "C:/Users/x/Desktop/clean_tweets.xlsx")

#polarity and sentiment
a_scores <- get_nrc_sentiment(tweets.df$text)
write.xlsx(a_scores, "C:/Users/admin/Desktop/sentiment_tweets.xlsx")

a_polarity = a_scores[,9:10] pol_bar
= colSums(a_polarity)
pol_sum = data.frame(count = pol_bar, a_polarity=names(pol_bar))
pol_sum$a_polarity = factor(pol_sum$a_polarity,
levels=pol_sum$a_polarity[order(pol_sum$count, decreasing = TRUE)])
p_pol <- plot_ly(pol_sum, x=~a_polarity, y=~count, type="bar", color=~a_polarity)
%>%
   layout(xaxis=list(title=""), showlegend=FALSE,
title="Polarity for hashtag: #Amazon") p_pol

a_sentiment = a_scores[,1:8] sen_bar = colSums(a_sentiment) sen_sum =
data.frame(count = sen_bar, a_sentiment=names(sen_bar))
sen_sum$a_sentiment = factor(sen_sum$a_sentiment,
levels=sen_sum$a_sentiment[order(sen_sum$count, decreasing = TRUE)])
p_sen     <-     plot_ly(sen_sum,     x=~a_sentiment,     y=~count,     type="bar",
color=~a_sentiment) %>%
   layout(xaxis=list(title=""), showlegend=FALSE,
        title="Emotions for hashtag: #Amazon") p_sen


# break in sentence
sentiment_vector = get_sentiment(tweets.df$text) summary(sentiment_vector)
boxplot(sentiment_vector, ylab= "sentiment value")
# most positive sentiment max(sentiment_vector)
sentence_sentiment = data.frame(tweets.df$text, sentiment_vector)
View(sentence_sentiment)

which.max(sentence_sentiment$sentiment_vector)
which.min(sentence_sentiment$sentiment_vector)
```

```
most.positive                                                          =
sentence_sentiment[which.max(sentence_sentiment$sentiment_vector),]
most.negative =
sentence_sentiment[which.min(sentence_sentiment$sentiment_vector),]
most.positive
most.negative

# Create comparison word cloud data wordcloud_tweet = c(
paste(tweets.df$text[emotions$positive > 0], collapse=" "),
paste(tweets.df$text[emotions$negative > 0], collapse=" ")
)

# create corpus
corpus = Corpus(VectorSource(wordcloud_tweet))

# clean corpus
corpus = tm_map(corpus, tolower) corpus =
tm_map(corpus, removePunctuation)
corpus = tm_map(corpus, removeWords, c(stopwords("english")))
corpus = tm_map(corpus, removeWords, c("amazon", "jeffbezo","jeffbezos",
"giveaway"))

# create document term matrix
tdm = TermDocumentMatrix(corpus)

# convert as matrix tdm
= as.matrix(tdm)
tdmnew <- tdm[nchar(rownames(tdm)) < 11,]

# column name binding
colnames(tdm) = c("positive", "negative") colnames(tdmnew)
<- colnames(tdm) comparison.cloud(tdmnew,
random.order=FALSE,
            colors = c("#00B2FF", "red"),
            title.size=1, max.words=250, scale=c(2.5, 0.4),rot.per=0.4)
```

Anhang 2 – Wordcloud:

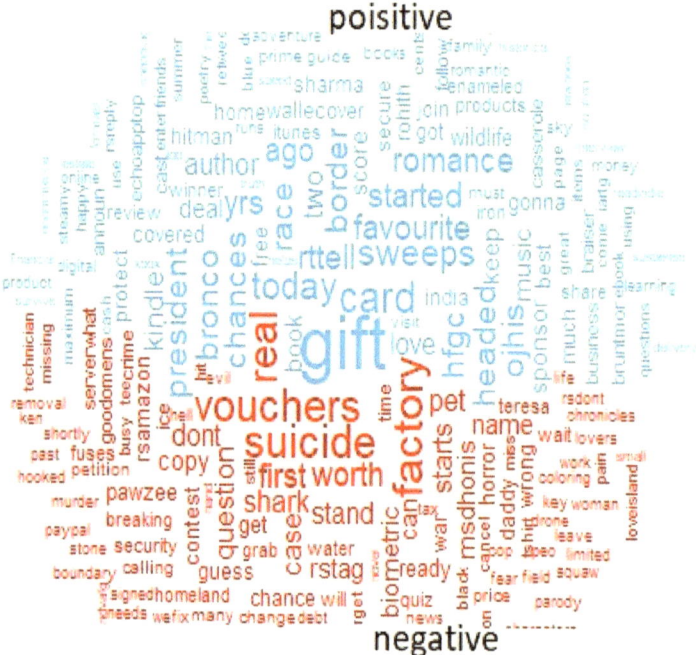

Literatur- und Quellenverzeichnis

Annie R et al. (2016)	Annie R, Arockia X., Mohan, Vignesh, Venu, Sree H.: Sentiment Analysis Applied to Airline Feedback to Boost Customer's. Endearment, In: International Journal of Applied and Physical Sciences, Vol. 2, No. 2, Chennai 2016
Balage Filho, Pardo (2013)	Balage Filho, Pedro P., Pardo, Thiago A. S.: A Hybrid System for Sentiment Analysis in Twitter Messages, In: Second Joint Conference on Lexical and Computational Semantics, Vol. 2, Atlanta 2013
Bastita, Rattè (2017)	Bastita, Luana, Rattè, Sylvie: Multi-Classifier System for Sentiment Analysis and Opinion Mining, In: Encyclopedia of Social Network Analysis and Mining, Springer Science+Business Media LLC, Heidelberg 2017
Berhane (2018)	Berhane, Fisseha: Sentiment Analysis on Donald Trump using R and Tableau, DataScience+, Washington D.C. 2018, https://datascienceplus.com/sentiment-analysis-on-donaldtrump-using-r-and-tableau/ (zuletzt aufgerufen am 26.06.2019 um 20:21 Uhr)
Chamoni, Gluchowski (2006)	Chamoni, Peter, Gluchowski, Peter: Analytische Informationssysteme – Business Intelligence-Technologien und -Anwendungen, 3. Auflage, Springer Berlin, Heidelberg 2006
Dalisay et al. (2017)	Dalisay, Francis, Kushin, Matthew J., Yamamoto Masahiro: Sentiment Analysis, In: Encyclopedia of Big Data, Springer, Cham 2017
Devika et al. (2016)	Devika, M.D., Sunitha, C., Ganesh, Amal: Sentiment Analysis: A Comparative Study on Different Approaches, In: Procedia Computer Science, Vol. 87, Thrissur 2016
Fasel, Meier (2016)	Fasel, Daniel, Meier, Andreas: Big Data – Grundlagen, Systeme und Nutzungspotenziale, Springer Vieweg, Wiesbaden 2016

Gao et al. (2007)	Gao, Li, Chang, Elizabeth, Han, Song: Powerful Tool to Expand Business Intelligence: Text Mining, International Journal of Computer and Information Engineering, Vol:1, No:8, o. O. 2007
Gentsch (2018)	Gentsch, Peter: Künstliche Intelligenz für Sales, Marketing und Service – Mit AI und Bots zu einem Algorithmic Business – Konzepte, Technologien und Best Practices, Springer Gabler, Wiesbaden 2018
Giachanou, Crestani (2016)	Giachanou, Anastasia, Crestani, Fabio: Like It or Not: A Survey of Twitter Sentiment Analysis Methods, In: ACM Computing Surveys, Vol. 49, No. 2, Lugano 2016
Große Holtforth (2017)	Große Holtforth, Dominik: Schlüsselfaktoren im E-Commerce – Innovationen, Skaleneffekte, Daten und Kundenzentrierung, Springer Gabler, Wiesbaden 2017
Kreutzer, Sirrenberg (2019)	Kreutzer, Ralf T., Sirrenberg, Marie: Künstliche Intelligenz verstehen – Grundlagen – Use-Cases – unternehmenseigene KI-Journey, Springer Gabler, Wiesbaden 2019
Hurwitz, Kirsch (2018)	Hurwitz, Judith, Kirsch, Daniel: Machine Learning For Dummies, John Wiley & Sons, Inc., Hoboken 2018
Kemper et al. (2010)	Kemper, Hans-Georg, Baars, Henning, Mehanna, Walid: Business Intelligence – Grundlagen und praktische Anwendungen – Eine Einführung in die IT-basierte Managementunterstützung, 3., überarbeitete und erweiterte Auflage, Vieweg+Teubner Verlag, Wiesbaden 2010
Lammenett (2019)	Lammenett, Erwin: Praxiswissen Online-Marketing – Affiliate, Influencer-, Content- und E-Mail-Marketing, Google Ads, SEO, Social Media, Online- inklusive Facebook-Werbung, 7., überarbeitete und erweiterte Auflage, Springer Gabler, Wiesbaden 2019

Lieber (2019)	Lieber, Chavie: Suicide attempts and mental breakdowns: 911 calls from Amazon warehouses reveal that some workers are struggling, Vox Media, Inc., New York 2019, https://www.vox.com/the-goods/2019/3/11/18260472/amazon-warehouse-workers-911-calls-suicide (zuletzt aufgerufen am 26.06.2019 um 20:21 Uhr)
Medhat et al. (2014)	Medhat, Walaa, Hassan, Ahmed, Korashy, Hoda: Sentiment analysis algorithms and applications: A survey, In: Ain Shams Engineering Journal, Volume 5, Issue 4, Elsevier B.V., Amsterdam 2014
Nigam, Yadav (2018)	Nigam, Nitika, Yadav, Divakar: Lexicon-based approach to Sentiment Analysis of tweets using R language, In: Advances in Computing and Data Sciences, Springer Singapore, Dehradun 2018
Pang, Lee (2008)	Pang, Bo, Lee, Lillian: Opinion mining and sentiment analysis, In: Foundations and Trends in Information Retrieval, Vol. 2, No 1-2, Boston 2008
Petz (2019),	Petz, Gerad: Opinion Mining im Web 2.0 – Ansätze, Methoden, Vorgehensmodell, Springer Fachmedien Wiesbaden GmbH, Steyr 2019
Pfeifle (2018)	Pfeifle, Anne: Alexa, What Should We Do About Privacy? Protecting Privacy for Users of Voice-Activated Devices, Washington Law Review, Vol. 93, Issue 1, Washington 2018
Rahmath P, Ahmad (2014)	Rahmath P, Haseena, Ahmad, Tanvir: Sentiment Analysis Techniques - A Comparative Study, In: IJCEM International Journal of Computational Engineering & Management, Vol. 17 Issue 4, o.O. 2014
Saunders (2001)	Saunders, Rebecca: amazon.com. Der schnelle Weg groß zu werden., FinanzBuch Verla, München 2001

Schallmo et al. (2017)	Schallmo, Daniel, Rusnjak, Andreas, Anzberger, Johanna, Werani, Thomas, Jünger, Michael: Digitale Transformation von Geschäftsmodellen – Grundlagen, Instrumente und Best Practices, Springer Gabler, Wiesbaden 2017
Scott-Morton (1983)	Scott-Morton, Michael S.: State of the art of research in management support systems, Massachusetts Institute of Technology, Cambridge 1983
Weinreich (2016)	Weinreich, Uwe: Lean Digitization – Digitale Transformation durch agiles Management, Springer Gabler, Heidelberg 2016
Werder, Brinkkemper (2018)	Werder, Karl, Brinkkemper, Sjaak: MEME – Toward a Method for EMotions Extraction from GitHub, In: 3rd International Workshop on Emotion Awareness in Software Engineering, Göteborg 2018
Zahn, Paget (2019)	Zahn, Max, Paget, Sharif: 'Colony of Hell': 911 Calls From Inside Amazon Warehouses, The Daily Beast Company LLC, New York 2019, https://www.thedailybeast.com/amazon-theshocking-911-calls-from-inside-its-warehouses (zuletzt aufgerufen am 26.06.2019 um 20:21 Uhr)
Zhang, Liu (2016)	Zhang, Lei, Liu, Bing: Sentiment Analysis and Opinion Mining, In: Encyclopedia of Machine Learning and Data Mining, Springer Science+Business Media, New York 2016

BEI GRIN MACHT SICH IHR WISSEN BEZAHLT

- Wir veröffentlichen Ihre Hausarbeit,
  Bachelor- und Masterarbeit

- Ihr eigenes eBook und Buch -
  weltweit in allen wichtigen Shops

- Verdienen Sie an jedem Verkauf

Jetzt bei www.GRIN.com hochladen und kostenlos publizieren